AF338028

MÉMOIRE

Des faits particuliers à l'auteur, et des considérations générales, analogues aux circonstances ;

PAR

A. M. D'OBENHEIM,

ACTUELLEMENT

PROFESSEUR DE MATHÉMATIQUES A L'ÉCOLE D'ARTILLERIE A STRASBOURG.

STRASBOURG, DE L'IMPRIMERIE DE LEVRAULT.

MÉMOIRE

Contenant des faits particuliers à l'auteur, et des considérations générales, analogues aux circonstances.

———————

JE m'appelle *Alexandre-Magnus* D'OBENHEIM. J'ai été reçu dans le corps du génie militaire au commencement de Janvier 1770. Mon père, le baron d'Obenheim, de famille saxonne, étoit entré dans les Mousquetaires gris en 1721, avoit été promu au grade de lieutenant-général des armées du Roi en 1762, et est mort, presque subitement, en apprenant l'horrible attentat du 10 Août 1792. Il avoit mangé sa fortune au service, à peu de chose près, et ne vivoit plus guères que de quelques bienfaits du Roi.

Un zèle ardent pour mon métier m'avoit fait remarquer ; et j'avois, en conséquence, été continuellement surchargé de travaux de confiance, mais pénibles, à Mézières, à Brest, en Flandre, à Cherbourg, etc., jusqu'à l'époque où le meilleur des Rois cessa de régner.

Malgré l'horreur que m'inspiroit la révolution dès son origine, il ne m'a jamais été possible d'émigrer ; mais j'ai saisi la première occasion qui s'est présentée de me réunir à la brave armée des Vendéens. J'y ai acquis l'amitié et la confiance de son général, M. de la Rochejaquelein, du prince de Talmont, de MM. de Marigny, des Essarts et Stoflet. J'ai, par des dispositions prises à temps, sauvé cette malheureuse armée à Dol, à la Flêche; et je crois avoir beaucoup contribué au gain de la bataille d'Entrain. Peut-être n'eût-elle pas été anéantie au Mans, si l'on m'avoit fourni les moyens de continuer les retranchemens que j'avois commencés, et si même les premiers généraux n'eussent pas abandonné trop tôt la défense pour regagner la Loire avec quelques débris. Ce qui me le fait croire, c'est que M. de Scépeaux a arrêté les vainqueurs toute la nuit, après les combats désavantageux de la journée, au moyen d'une coupure avec passage et parapet recouvert que j'avois fait arranger dans la principale rue, et en arrière de laquelle, jusques et y compris la grande place, j'avois rallié une quantité suffisante de troupes; de même que j'aurois pu dégager ce brave officier et prendre l'ennemi en flanc, si le bruit du départ des principaux chefs n'avoit pas entièrement paralysé les soldats, que j'essayai en vain de réunir pour cet objet, et dont une grande partie avoit quitté les armes sur un bruit aussi décourageant. Je ne savois moi-même à quoi m'en tenir, n'étant rentré en ville que le soir avec les dernières troupes qui avoient combattu pendant le jour, et mon camarade de chambrée, officier d'artillerie, ayant déjà disparu avec nos deux domestiques et nos porte-manteaux. Néanmoins je ne renonçai qu'au jour à mon entreprise, et quand je vis qu'on nous enveloppoit sans que personne me secondât.

J'étois membre du conseil; et j'avois signé, en cette qualité et celle de maréchal des camps des armées du Roi, inspecteur général des fortifications, une lettre écrite de Dol au roi d'Angleterre pour demander des secours en munitions de guerre, d'habillement et de bouche. J'ai la certitude que cette lettre est parvenue à son adresse. Personne n'ignore le triste état de dénuement dans lequel se trouvoit déjà l'armée catholique et royale à cette époque : des secours étrangers lui étoient indispensables, et c'étoit là première fois qu'elle en demandoit.

Retombé entre les mains des républicains, après une fuite de quelques heures, j'allois être fusillé à Sillé-le-Guillaume, lorsqu'un ordre survint au détachement de grenadiers qui en étoit chargé, de me conduire à Laval, pour être jeté avec une pierre au cou dans la Mayenne, après que j'aurois été questionné par le général républicain Canuet, sur ce qu'avoient pu devenir les restes de l'armée vendéenne. Arrivé à cette destination, on reçut l'ordre de me conduire à Craon, où le quartier-général se rendoit; là les prétendus représentans du peuple, Bourbotte et Prieur de la Marne, me firent transférer à Château-Briant, pour y être jugé par une commission militaire que présidoit un digne agent de Carrier, le noyeur de Nantes.

Je ne dus mon salut qu'au général de division Dembarrère, l'un de mes anciens camarades du génie, qui se trouvoit attaché à cette armée : il pouvoit se faire entendre directement du comité de salut public, et il m'y servit avec chaleur. Je fus obligé de me donner comme prisonnier des Vendéens, échappé de leurs mains à la faveur de la déroute du Mans. Ce mensonge, qu'il fallut colorer d'un air de vraisemblance, étoit en quelque sorte pardonnable, puisque ma mort n'eût été d'aucune utilité pour le service de ma patrie et de mon Roi, tandis qu'en conservant la vie je pouvois espérer de trouver une meilleure occasion de servir l'un et l'autre. Le général Dembarrère est actuellement pair de France, et a eu l'honneur de n'être pas renommé par Buonaparte.

N'étant encore que capitaine du génie, j'avois refusé, quinze mois auparavant, le ministère de la guerre, qui fut donné à Pache, et ensuite le grade de général républicain dans l'armée des Pyrénées.

Le général Dembarrère me laissa provisoirement avec une partie de son état-major à Château-Briant; un autre officier du génie étoit prépondérant au comité de salut public : on ferma les yeux, et je fus renvoyé à mon poste ordinaire dans le département de la Manche. Je frémis encore quand je pense aux atrocités dont je fus témoin, ou qui se passèrent autour de moi, depuis mon arrivée à Sillé-le-Guillaume jusqu'à mon départ de Château-Briant, outre que je ne me croyois pas moi-même, à beaucoup près, hors d'atteinte pendant tout ce temps. Par des circonstances qu'il est inutile de présenter ici, la campagne avec l'armée catholique et royale m'a coûté environ quatrevingt-dix-mille francs, reste de la fortune de mon père.

Quoique rendu à mes anciennes fonctions dans un pays où, depuis nombre d'années, j'avois acquis l'estime générale, le soupçon planoit de plus en plus sur ma tête; et déjà l'on m'avoit inscrit sur la fatale liste, lorsque Robespierre fut culbuté, parce que des espions républicains m'avoient reconnu et observé au milieu des Vendéens, particulièrement à Avranches et au Mans.

Peu après ce revirement de faction, l'école polytechnique s'organisa ; on y réunit ce qu'on croyoit de meilleur en professeurs : j'y fus appelé pour professer la géométrie descriptive et la fortification, avec mon emploi militaire. Au bout de quelques mois, on me nomma chef de bataillon à l'ancienneté, sans que je l'eusse demandé. Plusieurs adjoints qu'on mit à mes ordres, ne tardèrent pas à s'avancer rapidement, tels que les généraux Campredon, Bertrand, etc. Mais ma haine pour la révolution ne pouvoit pas manquer de me conduire en sens contraire.

En effet, dans la même année, à l'époque connue sous le nom du 13 Vendémiaire, digne origine de la fortune de Buonaparte, je me réunis aux sections de Paris, qui ne vouloient plus de la presque-totalité des membres de la convention, et penchoient pour le royalisme. On le sut ; je fus incarcéré, destitué, et menacé, par le comité de salut public et de sûreté générale, de la révision de ma conduite avec les Vendéens. Le directoire s'organisa ; j'y fus sauvé par d'anciens officiers du génie ; et j'en fus quitte pour ma destitution, un emprisonnement de deux mois, et deux jugemens, purement civils, dans l'intervalle d'une année.

A la suite de ma destitution, l'envoyé des États-Unis d'Amérique me fit proposer, par l'entremise du colonel Vincent, directeur du génie, la direction des écoles de l'artillerie et du génie de son pays; mais le directoire refusa l'autorisation nécessaire.

Destitué et ruiné, je vécus pendant quatre ans à Paris, en y donnant des leçons de mathématiques. Je croyois qu'on m'avoit entièrement perdu de vue. Cependant, à la fin de la troisième année, on me réintégra, à mon insçu, sous condition d'aller prendre place parmi les membres de l'institut du Caire : je refusai.

A la fin de la quatrième année, en Février 1801, et quoique je ne visse aucun employé du gouvernement, le conseil de l'école polytechnique fut chargé par le ministère de me proposer la place de professeur de fortifications à l'école d'application d'artillerie de Chaalons, dans le but d'y préparer l'instruction de manière à faciliter la réunion de cette école à celle du génie établie à Metz, pour n'en former qu'une école commune, où je devois pareillement professer et perfectionner l'instruction. Je n'acceptai qu'avec une extrême répugnance, et à la suite de longs pourparlers. Ce qui me détermina, quoique j'y perdisse beaucoup sous le rapport de l'aisance et de ma liberté, ce fut le bruit avant-coureur d'une extension de la fameuse loi des ôtages, joint à la certitude acquise que mes différens refus donneroient de l'humeur, et feroient revivre les soupçons sur ma conduite dans la Vendée : seul, j'en eusse peut-être couru les risques ; mais j'étois marié depuis quelques mois.

Je m'attachai de préférence à la partie théorique des constructions permanentes, sur laquelle je jetai un nouveau jour ; et par là j'occupai tellement les élèves de ce qui pouvoit, par la suite, en faire d'excellens ingénieurs, qu'il n'y eut jamais de temps de reste pour la partie du métier immédiatement applicable à l'espèce de guerre qui se faisoit alors. On ne s'en aperçut pas d'abord, de sorte que le soi-disant empereur, prévenu favorablement sur mon compte par l'opinion générale, m'adressa beaucoup de complimens, et s'occupa presque exclusivement de moi dans une visite qu'il fit à l'école de Metz, au point que les personnes qui me vouloient du bien, ne concevoient pas que je n'eusse point profité de l'occasion pour rentrer dans le corps du génie avec éclat ; d'autant qu'il m'avoit dit expressément, à propos de ma destitution, que les querelles de la révolution étoient de vieilles querelles oubliées.

Soit qu'on ouvrît enfin les yeux sur la marche que je suivois aux dépens des besoins du moment, soit jalousie, une intrigue me fit nommer, en Mai 1808, à la place de professeur de

mathématiques à l'école d'artillerie de Strasbourg, que j'exerce depuis.

Je ne m'y suis occupé que de mathématiques,
et de leur application aux branches purement
scientifiques de l'artillerie et de l'hydraulique,
ou de quelques procès-verbaux d'épreuves; si
ce n'est que, l'année dernière, je fus forcé de
rédiger le journal du blocus, comme ayant été
militaire autrefois, et pour ne pas être obligé de
servir activement dans mon ancien grade de chef
de bataillon, conformément aux derniers décrets
de Buonaparte, que son commissaire Rœderer,
de révolutionnaire mémoire, ne laissoit pas sans
exécution. Au reste, la rédaction de ce journal
n'étoit qu'un travail de scribe, sans influence
sur les événemens de la guerre, dont l'issue ne
me paroissoit nullement douteuse.

En 1813, un officier napolitain fut chargé par
son gouvernement de me proposer la direction
de l'école militaire de Naples, avec le grade de
colonel. Mais se déplacer pour servir un Murat!

Après la première rentrée du Roi, et au moment où les alliés s'en retournoient, un officier-
général du génie, russe, qui a logé quelques jours
à Strasbourg chez Mme Franck, banquière, est
venu m'entretenir de mes ouvrages, et me dire,
à plusieurs reprises, que de long-temps la France
ne seroit en état de récompenser les talens dis-

tingués. Je lui répondis qu'ayant supporté la vie pendant vingt-cinq ans sous le règne des monstres, dans le seul espoir du retour de mes souverains légitimes, rien ne pourroit me déterminer à quitter la France lorsque mon vœu se trouvoit accompli.

Je m'empressai de me faire connoître à M. le chevalier de La Salle, quand il vint à Strasbourg en qualité de commissaire du Roi ; parce qu'il me sembloit nécessaire que Sa Majesté pût distinguer de suite ses sujets dévoués, au milieu de l'immensité des rebelles, pour n'être pas la dupe de ces derniers. M. le chevalier de La Salle et M. de Berthier-Bizy, son aide-de-camp, reçurent mes états de service avec intérêt, et me promirent d'en rendre compte à S. A. R. Monsieur.

On m'engagea même, à cette époque, de demander ma réintégration dans le corps du génie, et le commandement de l'école particulière d'application de cette arme, avec le grade de colonel, au cas que ladite école fût séparée de celle de l'artillerie, comme on paroissoit en avoir le projet. Je fis, en effet, cette demande, que M. le chevalier de La Salle devoit appuyer auprès du ministre de la guerre. Mais pouvois-je réussir lorsque la bureaucratie de Buonaparte étoit toujours là ?

Je vis bientôt que l'armée entière étoit toujours aussi l'armée de Buonaparte, parce qu'elle n'étoit essentiellement que celle du crime, et que la plupart des administrations civiles ne valoient guère mieux.

Au passage de S. A R. Mgr le duc de Berri, je voulus, après l'exposition de ma conduite, comme sujet fidèle, demander à ce Prince la permission de lui dédier un ouvrage sur les projectiles de l'artillerie, que je m'étois empressé de terminer et de faire imprimer à ce dessein, et de plus le prévenir des trames que l'on ourdissoit pour égarer les simples soldats : mais la lecture d'un mémoire de quatre pages devint un obstacle, le Prince n'ayant que fort peu de temps à rester dans Strasbourg, et étant sans cesse obsédé par une foule de gens qui lui demandoient des grâces avec autant de chaleur qu'ils en avoient mis à servir les irréconciliables ennemis de la famille royale. Forcé de me restreindre, faute de temps, j'écrivis à M. le marquis de Nantouillet, à qui je m'étois adressé d'abord, pour lui dire que ce que je désirois surtout étoit d'obtenir l'agrément de dédier mon ouvrage à S. A. R., et un entretien particulier sur des objets qui intéressoient le bonheur du Roi et de sa famille; que, quant à la croix de Saint-Louis (qui me revenoit avant la suppression de l'ordre , et dont je ne parlois dans le moment que pour faire mention de cette décoration au titre de mon ouvrage), j'aimerois mieux m'en passer toute ma vie, que de la devoir au rapport d'une commission dans laquelle se trouveroient des membres qui auroient servi de leur plein gré Buonaparte ou la révolution. Je n'ai point eu de réponse.

En voyant M. le duc d'Harcourt sur la liste des Pairs, je crus qu'il s'agissoit de celui qui avoit été gouverneur de la Normandie et du premier Dauphin, et qui séjournoit en Angleterre depuis le commencement de la révolution. J'avois obtenu d'être honoré de ses bontés, et même de sa confiance, en servant sous ses ordres, ayant d'ailleurs fait partie d'une commission importante composée de cinq membres, qu'il présidoit à Paris au nom du Roi. Je lui écrivis pour le prier d'employer les relations qu'il devoit avoir eues avec le ministère anglois, à l'effet de se procurer une copie de la lettre (signatures comprises) que le conseil de l'armée catholique et royale adressa de Dol au Roi d'Angleterre; mais j'appris avec le plus grand chagrin que ce seigneur respectable n'existoit plus.

On ne peut se dissimuler que la très-grande majorité des François a été corrompue par la

révolution, et que le mal alloit toujours crois-
sant, parce que la terreur a, dès l'origine, condamné au silence le peu d'honnêtes gens qui
étoient restés en France , pour ne laisser la
parole qu'à des monstres qui, à force d'adresse
et de mensonges, érigèrent facilement le crime
en vertu, et réciproquement. Le remède ne
pouvoit venir que du dehors ; et, malheureusement, les troupes alliées nous quittèrent trop
tôt l'année dernière : car, de ce moment, la
couronne de Louis XVIII ne porta plus qu'à
faux. En effet : une guerre perpétuelle étoit
devenue, pour plusieurs classes nombreuses, la
plus lucrative des spéculations mercantiles ;
chaque officier y voyoit en perspective la mort
de tous ceux qui se trouvoient sur son chemin
pour parvenir aux grades qu'il ambitionnoit,
à commencer par son plus proche camarade :
la fin de la guerre laissoit à découvert des
plaies qu'on auroit voulu nous cacher encore,
et des hommes dont le seul prestige de la gloire
nous déroboit les vices. Presque toute la jeunesse avoit été élevée au gré de l'assassin du
duc d'Enghien [1], et visoit aux premières places
de l'État : les coupables ne craignoient rien tant
que la circulation de l'inflexible vérité, suite
naturelle de la paix et du retour des Bourbons,
qu'ils haïssoient par-dessus toute chose, préci-

sément à cause de la barbarie exercée par eux sur cette auguste famille et sur les François qui lui étoient attachés. Les bons écrits publiés dans les premiers temps de la présence du Roi, n'étoient lus que par les personnes dont ils ne contrarioient pas l'opinion, pendant que les autres se dévoroient avec un redoublement d'avidité, même par les moins méchans, qui vouloient y trouver l'excuse de la facilité avec laquelle ils s'étoient laissé conduire dans les routes du crime. Les onze douzièmes des députes étoient *bons*, suivant l'opinion de Buonaparte (cela s'entend); toutes les administrations civiles et militaires étoient au moins dans le même cas : les sujets fidèles se trouvoient séparés du Roi, et ne pouvoient lui être utiles que sous le bon plaisir des plus gangrenés, qui, d'une part, paralysoient tous les élans généreux, alors que, de l'autre, ils conservoient le champ libre pour leurs menées sourdes. Les affiches, qui auroient pu éclairer le peuple et le soldat sur la belle conduite du Roi, et sur la cause des dettes dont la France restoit surchargée, ne portoient jamais que sur des levées de contributions ou autres demandes d'argent : les bienfaits du monarque se répandoient à contre-sens, parce que les François en évidence permanente, qui presque seuls les sollicitoient et en profitoient , loin d'être susceptibles de remords, ne voyoient dans une augmentation de pouvoir et de richesses, qu'un surcroît de facilité pour la trahison qu'ils méditoient. Chaque noble du jour, quelle que fût la splendeur de son titre , comparant son père à celui d'un ancien noble de la dernière classe , se trouvoit humilié : les grandes fortunes particulières , et même les médiocres, n'existoient presque plus qu'entre les mains de gens qui craignoient une révision du passé. Les hommes probes étoient encore disséminés , et le faisceau des coquins subsistoit toujours : à cause de la longue durée de la révolution, les François composant ce qu'on peut appeler la multitude inerte de la nation, n'avoient , comme aujourd'hui , qu'une idée vague des premiers crimes révolutionnaires, de même que des monstres qui les avoient commis ; et ne voyoient, ainsi qu'à présent, dans tout ce qui se passoit sous leurs yeux, que des démêlés politiques, auxquels ils ne prenoient part qu'en raison de ce qu'ils y perdoient ou qu'ils y gagnoient, sans frémir d'horreur au récit des assassinats de Louis XVI, du duc d'Enghien [2], etc. A quelques hommes près, dont la majeure partie a suivi le Roi, l'armée entière renchérissoit sur le tout, et vouloit venger son amour-propre humilié. Enfin, les fournisseurs, ou autres gens vivant de la guerre, se plaignoient comme des fossoyeurs pourroient se plaindre de la fin d'une épidémie. [3]

Dans cet état des choses, il suffisoit d'une seule étincelle pour produire un nouvel incendie, et c'est ce qui arriva au mois de Mars par la seule apparition de Buonaparte. Les plus grands scélérats de la révolution reparurent avec lui : les assassins de Louis XVI et leurs semblables occupèrent à l'instant, et partout, des fonctions presque dictatoriales ; et la plus juste crainte s'empara des hommes probes qui n'avoient oublié ni les noms ni les forfaits de ces anthropophages, ni leur regret de ce que le règne de la terreur s'étoit, en quelque sorte, trouvé tronqué un peu trop tôt à la chute de Robespierre.

A Strasbourg, par exemple, les airs : Ah! *ça ira, ça ira,* et la Marseilloise, se répétoient sans cesse au spectacle et dans les rues ; tous les soirs des bandes de furibonds crioient à tue-tête : *les royalistes à la lanterne ! vive l'Empereur ! vive Napoléon ! m*** pour Dieu ! m*** pour le Roi !* Une joie maligne se répandoit sur la figure de tous les individus affublés d'un uniforme quelconque [4] ; un Pommereul, un Jean de Bry, par leur seule présence, reportoient notre imagination aux jours de la plus grande terreur : déjà les frères et amis faisoient des listes de proscriptions, et ne déguisoient presque plus leur projet de concourir à l'établissement d'une guillotine permanente; des effigies furent accrochées à des portes de royalistes, des vitres cassées, etc.

La signature du fameux supplément aux constitutions de l'Empire fut mise à l'ordre du jour, sur ces entrefaites. Je pris des informations, et je vis qu'en ne signant point je serois le seul individu de l'artillerie qui eût osé s'en dispenser. Je signai donc; mais avec la conviction qu'une pareille signature, par un salarié du Gouvernement surtout, ainsi que des millions d'autres arrachées sous le pouvoir des baïonnettes, ne légaliseroit pas la domination de l'usurpateur aux yeux des Puissances étrangères, dont les innombrables armées alloient être bientôt l'instrument irrésistible de la justice divine.

A l'abri de cette signature, on me laissa tranquille, et j'obtins de n'être employé qu'à des projets éloignés de constructions militaires qui ne s'exécuteront peut-être jamais. En cela je fus plus heureux que lorsqu'il me fallut rédiger le journal du blocus précédent. Je brûlai d'ailleurs tous les papiers qui, au cas d'une visite domiciliaire, à laquelle je m'attendois, auroient

2

pu me coûter la vie, ainsi qu'à d'autres personnes, sans la moindre utilité pour la chose publique.

Vingt-six années de révolution m'ont séparé pour toujours de mes anciennes connoissances, du moins de celles qui ne se sont pas déshonorées ; ou, s'il en existe encore, je n'entrevois jusqu'à présent aucun moyen de les découvrir en temps opportun. Je n'ai de communications avec mes chefs militaires qu'autant que l'exigent mon service et des visites absolument indispensables. Je serois isolé sur la terre sans mon épouse, et quelques personnes, en fort petit nombre, dont les opinions cadrent avec les miennes depuis plusieurs années. Sous ce dernier rapport, j'offre de les nommer quand on m'en fera la demande, attendu qu'il importe dans un moment, comme celui-ci, que chaque bon François fasse connoître ceux sur lesquels on peut compter, et qui sont dans le cas d'attester à leur tour la pureté de leurs principes.

J'ai gémi, pendant toute la première restauration, de n'avoir à remplir que des fonctions qui me maintenoient dans l'impossibilité de rendre à mon Roi le moindre des services dont je voyois qu'il avoit un si grand besoin.

S'il restoit quelque doute sur l'intégrité de mes principes, j'engagerois de mettre en parallèle l'emploi insignifiant que j'occupe, avec ceux auxquels je serois parvenu, pour peu que j'eusse aimé la révolution, d'après l'idée avantageuse que les militaires en crédit avoient et ont conservée de mes foibles talens pour le génie, l'artillerie et l'art de la guerre en général, ainsi que d'après les emplois que j'ai eu occasion de réfuser, comme je l'ai dit.

Selon moi, tous les bons François, sans exception, doivent concourir de toutes leurs facultés à rendre désormais le trône inébranlable; et ce qui, pour y parvenir, importe le plus, c'est de se mettre en mesure de pouvoir dire la vérité tout entière, sans ménagement pour les coupables : autrement nous ne profiterions pas de la leçon du malheur, et nous reverrions les mêmes hommes, à l'aide des mêmes manœuvres, nous replonger dans l'abyme. Éclairons assez le peuple pour qu'il ne soit plus possible de l'égarer : que, surtout, sans avoir à redouter les fureurs et les vengeances de ceux des officiers qui viennent de se battre volontairement pour Buonaparte, on puisse leur répéter sans cesse, qu'en se livrant à une ambition démesurée ce ne fut jamais la patrie qu'ils servirent, mais seulement la cause des brigands, dont elle étoit devenue la proie depuis l'insurrection de 1789 ; et que, néanmoins, nous ne leur aurions point envié les honneurs, la prépondérance, les richesses, dont ils jouissoient au détriment des vrais amis de la patrie, réduits à la misère ou à une triste obscurité, si la clémence et les libéralités de Louis XVIII eussent trouvé leurs cœurs accessibles au repentir. Il faut que tout le monde voie clairement que ce que le Roi a la bonté de faire encore pour eux, est mille fois plus qu'ils ne méritent. Au reste, l'honnête homme doit se mettre au-dessus de la crainte, quand ce n'est plus au nom de la loi qu'on peut attenter à sa vie.

Chaque François, jusqu'au dernier, doit savoir que, sous les règnes de Louis XV et de Louis XVI, pendant la durée de soixante et quinze ans, les impositions ne s'élevoient chaque année, même en tenant compte de l'augmentation progressive de la quantité de numéraire, qu'au tiers du taux où elles sont parvenues depuis le commencement de la révolution ; que si, sans rien changer d'ailleurs et sans rien réformer, on les eût portées de suite à ce dernier taux pendant deux ans, seulement, toutes les dettes de l'État auroient été payées, tandis que ces dettes se trouvent augmentées de plus de moitié en ce moment, après avoir prélevé pendant vingt-cinq ans ce qu'il suffisoit de prélever pendant deux, et avoir pillé sans vergogne presque toutes les nations étrangères, à l'aide du sacrifice de six millions de François ; qu'indépendamment de la dette actuelle, les charges inutiles, pour ne pas dire honteuses, dont l'État se trouve grevé par suite de la révolution, ne permettront jamais de réduire les impositions aussi bas qu'auparavant, et que c'est principalement le sort qu'on veut bien faire aux individus de l'armée actuelle qui en est cause ; qu'il est, d'ailleurs, de toute justice d'observer que les dettes, contre lesquelles on a tant clabaudé, prenoient leur source dans les efforts que Louis XIV avoit faits pour porter la France au plus haut degré de splendeur, et, malheureusement aussi, dans cet attrait de la gloire militaire, dont il s'étoit repenti un peu trop tard ; que jamais, sous Louis XV et Louis XVI, un seul François n'a été condamné à mort pour ses opinions politiques, tandis que, depuis, en y comprenant un Roi qui ne respiroit que pour le bonheur de ses sujets, et une partie de sa famille, plus de cinq cent mille François, sans distinction de sexe, ont péri par la hache des bourreaux, ou par les armes des satellites de nos tyrans, ou par la fureur d'une populace égarée à dessein, ou par la submersion, ou par la fétidité des cachots : et, le tout, aux noms de la patrie et de la liberté ; suffisant, pour figurer sur la liste des victimes à immoler, de posséder ou d'espérer quelque fortune, ou d'être arrivé à l'âge de raison sans avoir embrassé avec chaleur la cause du dernier parti qui parvenoit à triompher, et notamment d'avoir bien connu un ordre de choses dont on vouloit dénaturer le souvenir. Nul François, encore, ne doit ignorer que, lorsqu'on disoit, au 14 Juillet 1789, que la Bastille regorgeoit de prisonniers d'État, il ne s'y en trouvoit que cinq, dont un fou, et les autres coupables de crimes avérés, tandis que, depuis, les bastilles révolutionnaires ont renfermé à la fois plus de cent mille prisonniers, malgré la rapidité avec laquelle on les envoyoit successivement à l'échafaud ; que la fortune des honnêtes gens a passé entre les mains des auteurs et complices de tous ces désastres ; que nous avions une très-bonne marine et de superbes colonies, que nous avons perdues ; que, pendant soixante et quinze ans, des guerres, presque inévitables, n'ont pas coûté à la France, en totalité, la moitié autant de monde que nous n'en perdions, l'un portant l'autre, pendant chaque année des vingt-trois qu'a duré celle de la révolution ; que, cependant, la France n'avoit jamais été entamée par les troupes étrangères, tandis qu'il ne tenoit qu'aux Puissances de l'Europe de se la partager en toute justice l'année dernière, comme il ne tient encore qu'à elles de se la partager cette année; que, si elles ne l'ont pas fait et ne le font pas encore, si elles nous rendent nos meilleures colonies, à l'exception de Saint-Domingue, qui n'est pas en leur pouvoir, c'est uniquement par considération pour cette famille des Bourbons, dont la présence offusque si fort les prétendus défenseurs de la patrie. Je passe sous silence les dévastations commises par les François mêmes sur leur propre territoire, tels que les saccages de cités et de châteaux, l'incendie d'une province, etc.

Mais, qu'est-ce donc que les militaires peuvent alléguer pour justifier militairement cette animosité ? N'est-ce pas aux souverains fournis par cette branche royale qu'ils doivent l'existence des places de guerre qui leur ont procuré dans quatre grandes occasions les moyens de réparer de grands échecs, qui les protégeroient encore s'ils n'avoient pas forcé l'Europe entière de se réunir contre eux, et qui, l'année précédente comme cette année, les ont empêchés d'être immédiatement anéantis par les Puissances coalisées, avant que Louis XVIII pût venir à leur secours ? A qui doivent-ils l'établissement de ces arsenaux dont ils font un si grand usage ? le perfectionnement de l'artillerie, auquel ils n'ont rien pu ajouter de vraiment utile ? les manœuvres de l'infanterie et de la cavalerie, dont on ne s'écarte pas depuis 1791 ? N'est-ce pas sous les règnes de Louis XV et de Louis XVI que se sont formés des savans, tels que Bossut, la Croix, Prony, la Place, Fourcroy, Bertholet, Guiton, etc., à qui l'on doit dans ces derniers temps la propagation des sciences exactes dont on s'enorgueillit avec raison, et qui ont été employées utilement à l'art de la guerre ? N'est-ce pas sous les mêmes règnes que les voyages les plus instructifs autour du monde ont été faits ? que le dépôt des cartes marines a été prodigieusement enrichi ? que la construction des vaisseaux a été perfectionnée ? que les plus beaux établissemens complémentaires des ports de Brest et de Toulon ont été créés ? que la rade de Cherbourg a été fondée, et ses forts construits ? que l'Encyclopédie a vu le jour ? que la carte de Cassini et les meilleures cartes topographiques, si utiles à la défense de l'État, ont été confectionnées ? que les écoles de la marine, de l'artillerie, du génie, de médecine, de chirurgie, etc., ont acquis une juste célébrité ?

Ah ! si, comme le prétendent les auteurs et les fauteurs de la révolution, Louis XVI étoit un tyran, lui qui, entre autres actes d'humanité, supprima un reste de servitude réfugié dans un seul coin de la France, abolit les corvées et la question, établit des assemblées provinciales, assura aux protestans des droits dont ils ne jouissoient que par tolérance, ne fit jamais tourmenter personne pour ses opinions religieuses, ferma les yeux sur l'abus de la liberté de la presse, voulut s'entourer des lumières de ses sujets pour mieux assurer leur bonheur, défendit de tirer sur une populace qui venoit le détrôner et y parvint ; si, dis-je, un tel monarque étoit un tyran, qu'ont donc été, depuis, la convention et ses proconsuls, les comités de salut public et de surveillance, Robespierre et Buonaparte ? On croit s'excuser en rappelant sans cesse les horreurs de la Saint-Barthélemy : c'est aux derniers Valois qu'il faut s'en prendre, et non aux Bourbons, contre lesquels et leurs partisans cette journée fut principalement dirigée, et dont le grand Henri, aïeul des Bourbons que nous persécutons, échappa d'abord par miracle et finit par être victime ; car Ravaillac n'étoit qu'un élève fanatique de la doctrine qui enfanta cette monstrueuse journée. Non, non, Louis XVI n'eut qu'un seul tort, qui est précisément celui que ses ennemis devroient rougir de lui reprocher : ce fut d'accorder aux François, pris en masse, plus d'estime qu'ils n'en méritoient, à cause de cette légèreté caractéristique dont le résultat est toujours la fureur quand elle s'élance sans frein hors du cercle de la frivolité, et qui, dans tant d'occasions, depuis les Gaulois leurs ancêtres, leur a fait commettre de si grands crimes. Quel contraste! l'homme qui, depuis, méprisa souverainement les François, en fit ce qu'il voulut!

A ne considérer même que le côté brillant des succès dont le souvenir entretient ou nourrit l'orgueil des officiers, six millions de François pourroient leur dire, du séjour de morts : « C'est « à nos efforts et à notre dévouement que ces « succès sont dûs : vous en avez profité ; vous « vous êtes couronnés de nos propres lauriers, « en abandonnant nos cadavres sur les champs « de bataille, ou en nous laissant expirer sans « soins sur les routes, ou dans les hôpitaux ; « vous nous bannissiez même de votre mémoire « aussitôt que de nouvelles victimes venoient « recompléter votre armée : apprenez, enfin, « que la gloire des armes se mesure sur le « rapport qui existe entre les succès définitifs « et les sacrifices qu'on a faits pour les obtenir ; « que c'est ainsi qu'un Turenne, en ne com- « mandant que vingt-cinq mille hommes, s'est « montré plus grand général que le plus grand

« d'entre vous à la tête de cinq cent mille :
« apprenez, surtout, qu'il n'y a jamais eu et
« qu'il n'y aura jamais de place dans l'histoire
« pour l'éloge des lieutenans d'Attila, qui pour-
« tant avoit des qualités morales inconnues à
« votre chef. Faites maintenant votre calcul,
« et renoncez franchement au métier de la
« guerre, comme à toutes les affaires politiques. »

Que la plupart des officiers se jugent d'après
ce tableau ! qu'ils nous parlent encore de leurs
exploits, et de leurs titres à la reconnoissance
publique ! Ah ! si jamais la raison pouvoit
aborder leur ame, ils verroient qu'au fond,
depuis le plus ancien Maréchal de France
jusqu'au dernier sous-lieutenant, ils n'étoient
que les sbires de l'enfer déchaîné contre la
France et le reste de l'Europe.

Mes réflexions paroîtront peut-être un peu
sévères; quoique, selon moi, quiconque a pu
croire au comité de salut public, au directoire
ou à Buonaparte, ne croit pas en Dieu, ne pense
pas que les plus horribles assassinats soient des
crimes, et mérite d'être traité en conséquence.
Qu'il vive, qu'il soit libre, qu'il trouve une
généreuse assistance au besoin; mais que ses
paroles et ses actions puissent être surveillées
par les bons citoyens, et que jamais on ne lui
laisse acquérir d'influence dans les affaires du

Gouvernement! Adoucissant ainsi la peine du talion, elle satisfait à la fois aux lois divines et humaines. Ce seroit d'ailleurs insulter à la vertu que de supposer que toute autre espèce de réconciliation fût possible, jusqu'à ce qu'il ne restât plus de doute sur la sincérité des remords.

Ici je m'arrête, en songeant que l'amour de la vérité, comprimé pendant vingt-six ans, ne doit pas essayer de se dédommager dans un seul jour, mais en faisant des vœux pour qu'aucun moyen ne soit négligé, à l'effet de répandre universellement et sans réticence l'unique contre-poison de nos fatales erreurs. Je voudrois qu'aucun enfant n'apprît à épeler que sur un recueil, avec gravures, contenant les crimes atroces commis par les révolutionnaires, placés en parallèle des actes d'humanité de nos trois derniers Rois et des hommes qui se sont distingués sous leurs règnes[5]; que des affiches multipliées et prescrites par une commission du Gouvernement, fixassent sans cesse l'attention du peuple et des soldats; que des clubs royalistes fussent autorisés, sans autres attributions, à répandre la lumière, comme les clubs des Jacobins répandoient l'erreur : rien ne seroit plus efficace que ce dernier moyen. Enfin, selon mes vœux, il faudroit que la commission chargée de soutenir l'esprit public par des affiches eût l'honorable tâche d'examiner scrupuleusement tous les écrits nouveaux imprimés, dont elle devroit recevoir les premiers exemplaires, et d'en rectifier, par la voie d'un journal *ad hoc*, les principes erronés ou astucieux, et les faits controuvés. Ce journal, et l'un des meilleurs journaux ordinaires, devroient être envoyés à chaque commune rurale, pour y être déposés, ainsi que les affiches, dans des archives ouvertes à tous les citoyens, indépendamment du recueil courant des lois à l'usage de la commune. La même commission rectifieroit particulièrement les journaux, et chaque journaliste seroit obligé d'insérer les rectifications qui le regarderoient dans les numéros subséquens qu'on lui désigneroit. Le bon jardinier, en laissant pousser toutes les herbes, sarcle continuellement les mauvaises.

Mais que pouvons-nous espérer, à quoi pourrons-nous prétendre, si plus de cent cinquante mille alliés ne restent pas à la solde de la France, pendant au moins cinq ans? et si plus de la moitié des officiers de la nouvelle armée françoise ne se compose pas d'émigrés ou de fédérés royalistes, d'officiers qui ont tout réparé en suivant le Roi ou en refusant de marcher pour Buonaparte en dernier lieu, et de sujets de choix qui n'aient jamais servi ni la révolution ni l'usurpateur ? Je voudrois organiser seulement soixante mille hommes, cette année, et trente mille hommes par chaque année suivante, ce qui permettroit successivement de renvoyer la même quantité de troupes, alliées : selon toute apparence, les dernières organisations seroient les meilleures. 6

Je crains qu'on ne se fasse encore illusion, en croyant à un repentir que l'intérêt seul manifestera, ainsi que l'impatience de voir repartir ces braves alliés, qui maintenant, par leur seule présence, tiennent les perturbateurs sous presse.

Ce mémoire, notamment pour ce qui me concerne en particulier, est susceptible d'une foule de développemens, que je suis prêt à donner de vive voix ou par écrit. Je m'estimerois heureux si j'étois parvenu à faire naître le désir de me les demander, et s'il en résultoit la confiance qu'il m'importe d'inspirer pour être mis à même de consacrer au service de mon Roi tous les instans de mes derniers jours, et ce que j'ai pu acquérir d'instruction dans plusieurs genres d'utilité première, pendant la durée d'une carrière aussi laborieuse que longue, indépendamment de la connoissance des hommes actuels, qui ne sauroient m'en imposer,

quelque masque qu'ils prennent. Dans la conviction des services que je puis prendre encore,
je me croirois coupable envers mon pays et
mon Roi, si je ne cherchois pas à sortir d'une
situation passive, au moins jusqu'à ce que les
ennemis du trône ne puissent plus exciter que
notre pitié.

Défiance et surveillance extrême! car quantité d'incurables espèrent qu'il se rencontrera encore des Ravaillac, ou font des vœux pour se
trouver quelque jour en position de le devenir eux-mêmes.

Reconnoissance éternelle pour les augustes
Souverains qui, animés du même esprit
qu'ALEXANDRE, viennent de nous retirer défi-
nitivement du précipice [7]! gloire aux illustres
Généraux et aux braves armées qui les ont si
bien secondés [8]!

Que Dieu sauve le Roi!

A Strasbourg, le 28 Août 1815.

Signé D'OBENHEIM.

NB. Une copie de ce Mémoire a été remise, le 6 Septembre, à un député de Strasbourg, qui s'étoit chargé de
le faire imprimer à Paris.

NOTES.

1 Je puis citer deux exemples très-récens de cette vérité.

M. de Saint-Venant, professeur au Lycée (collége royal), fut obligé de couvrir de son égide un élève externe contre les pensionnaires, parce que ce jeune homme avoit cru pouvoir venir en classe avec la cocarde blanche à son bonnet, voyant les drapeaux blancs arborés sur la Cathédrale. Grâce à la protection de M. de Saint-Venant, les pensionnaires ne purent donner qu'un seul coup de poing dans le dos du jeune homme à la sortie de la classe; mais ils s'en dédommagèrent par des cris si séditieux contre tous les royalistes en général, que M. de Saint-Venant n'a pas voulu retourner au Lycée depuis, et a signifié qu'il n'y retourneroit que quand on auroit fait un exemple des coupables.

Il n'y a point de propos sales et injurieux dont les élèves du Lycée (qu'on ne peut encore appeler collége royal) ne se soient servis habituellement en parlant du Roi depuis sa première rentrée en 1814.

Au retour de Buonaparte, ils vociférèrent pendant plusieurs jours: « Notre bon papa est revenu ; vive Napoléon! »

Ils dessinèrent un portrait du Roi sur du papier, le pendirent au plafond de la salle où M. Eckert, professeur d'écriture, donne ses leçons, et dirent à ce professeur, qu'ils connoissoient pour royaliste : « Tiens, voilà ton co- « quin pendu! » Ils pendirent aussi un mannequin revêtu d'habits royaux à des arbres de la cour où ils prennent leurs récréations.

Lorsqu'ils furent armés de fusils par ordre du gouverneur de la place, ils dirent au même M. Eckert : « F.... « royaliste, le premier coup de fusil sera pour ton cochon « de Roi, et le second sera pour toi. »

En partant dernièrement pour les vacances, la plupart de ces élèves ont noué leurs cocardes tricolores dans leurs gilets, en disant que jamais ils ne les quitteroient, quoique beaucoup d'entre eux occupent au Lycée des places franches accordées par le Roi à la sollicitation de leurs familles.

Quand la jeunesse élevée aux dépens de l'État a persisté dans de si horribles principes, on en doit conclure que l'on avoit trop négligé les moyens généraux de redresser l'esprit public. Qu'il me soit permis d'insister sur ce point. Ma remarque est d'autant plus frappante que M. de Montbrison, recteur de l'Académie de Strasbourg, est un homme plein d'honneur, un royaliste éprouvé, qui n'a quitté ses fonctions qu'après s'être exposé aux plus grands dangers pour la défense de son Roi.

2 Les femmes n'étoient pas neutres dans tout cela; car Buonaparte protégeoit excessivement le luxe par système, et envoyoit les maris à la guerre.

3 J'ai vu à Paris une grande quantité de ce qu'on appelle bonnes gens, qui, ayant été témoins des massacres de Septembre et de la place de Louis XV, ainsi que des désastres du 13 Vendémiaire, ne se plaignoient de la révolution, que parce qu'ils avoient été obligés de faire *queue* à la porte des boulangers, pendant environ un mois.

4 Il n'y avoit ici d'assez rassurant que la Gendarmerie, qui ne pouvoit agir sans ordres; et M. le général Rapp ne s'est rapproché de nos murs que le 29 Juin, époque à laquelle il commençoit à devenir *prudent* de louvoyer entre les deux bannières.

5 Que l'on y prenne bien garde : les révolutionnaires ne sont essentiellement odieux que par les assassinats dont ils se sont souillés. Si l'on mettoit ce point de côté, ils auroient encore de nombreux partisans en Europe, parce

qu'il ne s'agiroit plus que de ces écarts en politique et en projets de conquêtes, qui éblouissent le commun des hommes, et dont ne se plaignent que ceux qui y perdent. Plus on croira devoir ménager les assassins et leurs adhérens, plus il conviendra de mettre de soins à dévoiler leurs crimes. On doit être pleinement convaincu aujourd'hui, qu'il est inutile de laisser une porte ouverte au repentir, comme le Roi l'avoit fait l'année dernière, en restreignant la liberté de la presse dans ce seul dessein.

6 En général, les soldats actuels ne seroient pas inadmissibles à servir le Roi, s'ils avoient d'autres chefs.

7 Je crains beaucoup que nous ne soyons déjà en train de nous perdre sans ressource, par *vanité* et par *avarice* : c'est bien à nous de menacer les étrangers de notre *désespoir*, pour quelques impositions inséparables d'un état de guerre qui nous sauve du néant, lorsque nous avons souffert avec tant de patience, depuis vingt-cinq ans, la décimation, tous les genres de spoliations, et la honte de coopérer aux vexations incalculables que nos tyrans ont fait éprouver à ces mêmes nations qui, après les énormes dépenses qu'elles ont été obligées de faire pour venir à notre secours, indépendamment de tant de sacrifices d'hommes que rien ne peut réparer, ne nous demandent que de défrayer des armées dont la présence fait notre unique sécurité! Ce qui donne lieu à ma crainte, c'est le style de nos meilleurs journaux et des discours d'apparat qu'on y insère. Redevenons, s'il se peut, dignes de figurer, ainsi qu'autrefois, dans la grande famille européenne par la rectification de nos principes sociaux; et, comme il y aura encore beaucoup à faire, nous pourrons en tirer *vanité*. S'il nous devenoit impossible d'atteindre un si noble but, alors seulement nous devrions nous livrer à un juste *désespoir*. Payer pour payer, ce n'est pas la solde des troupes alliées

que nous devons regretter. On se trouve humilié! Mais notre gloire est d'avoir paru dignes d'assistance, et notre seule honte est d'en avoir eu besoin deux fois de suite. Qui sait même si l'apparence de l'ingratitude ne déterminera pas des Souverains, qui ne vouloient calculer qu'avec l'honneur, de nous demander beaucoup plus de dédommagemens qu'ils n'en avoient d'abord l'intention? N'oublions pas que c'est en nous faisant peur des étrangers qu'on nous a jetés dans les bras de tous nos tyrans domestiques. Pour l'Europe entière il ne doit plus y avoir d'étrangers que les révolutionnaires et leurs défenseurs. Puisse notre auguste et peut-être trop indulgent Monarque se convaincre qu'à l'exception des sujets qui ne l'ont jamais quitté, ou qui l'ont suivi dernièrement, ou d'un très-petit nombre d'autres que d'anciens noms rapprochent de lui à juste titre, ce n'est que dans l'obscurité de la foule que respirent actuellement les sujets les plus capables de le servir avec ardeur, tandis que les autres, enrichis par la révolution, ou brillant d'un lustre qu'ils tiennent de Buonaparte, l'entourent encore aujourd'hui, et cherchent sans doute à le tromper de nouveau sur tout le reste. Que notre bon Roi veuille bien se persuader qu'à raison de leur petit nombre, les François véritablement fidèles resteront paralysés jusqu'à ce que toutes les administrations civiles et militaires soient purgées des coupables. Cette élimination ne sauroit être trop prompte; et elle ne pourroit peut-être jamais s'effectuer, si l'on ne profitoit pas de la présence des alliés. Encore si l'on savoit à qui s'adresser pour faire parvenir au conseil privé de sa Majesté d'utiles avis sur ce qui s'est passé : mais, au bout de quelques avenues du trône, se trouvent en première ligne des personnages dont le repentir ne semble pas suffisamment prouvé; et l'on se tait. O mon

Dieu , faites qu'il ne soit plus possible d'en imposer au meilleur des Rois ! Au surplus, la composition actuelle des deux chambres offre déjà un point de tranquillité, surtout parce qu'on n'y voit presque plus de *perpétuels*.

Tant que la livrée de Napoléon embarrassera les marches du trône, il ne sera pas possible de se serrer autour du Roi, comme on imagine qu'il suffit de le recommander dans toutes les proclamations. A cet égard, la leçon de l'année dernière ne devroit plus laisser de doute.

8. L'un des proconsuls de la convention, instruisant, il y vingt-deux ans, un club de province sur les grandes mesures à prendre, disoit : « Quand vingt mille braves périssent « aux frontières, ce sont autant de patriotes que nous « perdons ; il faut donc, pour rétablir l'équilibre dans l'in- « térieur, que vingt mille aristocrates périssent aussi ! » Tout prouve que cet épouvantable principe auroit reçu une nouvelle application en dernier lieu, si les immortels Wellington et Blücher eussent employé dix jours de plus à faire le voyage de Waterloo à Paris.

FIN DU MÉMOIRE.